Impressum
Verlag: BABADADA GmbH, Nedderfeld 112 , 22529 Hamburg
Geschäftsführer / Verlagsleitung: Harald Hof
Druck: Books on Demand GmbH, In de Tarpen 42, 22848 Norderstedt

Imprint
Publisher: BABADADA GmbH, Nedderfeld 112 , 22529 Hamburg, Germany
Managing Director / Publishing direction: Harald Hof
Print: Books on Demand GmbH, In de Tarpen 42, 22848 Norderstedt, Germany

школа
школа

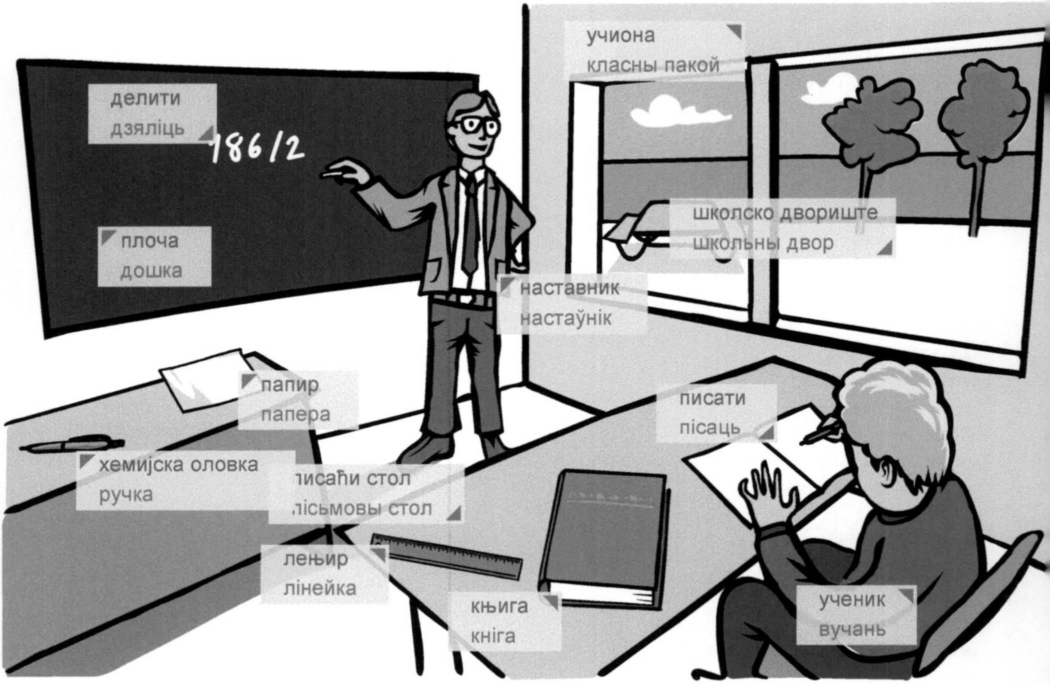

учиона
класны пакой
делити
дзяліць
186/2
плоча
дошка
школско двориште
школьны двор
наставник
настаўнік
папир
папера
писати
пісаць
хемијска оловка
ручка
исаћи стол
ісьмовы стол
лењир
лінейка
књига
кніга
ученик
вучань

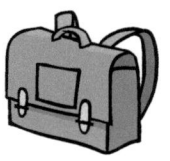

торба

ранец

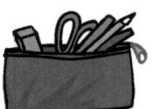

перница

пенал

графитна оловка

просты аловак

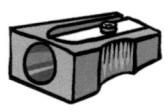

шиљило за оловке

тачылка для алоўкаў

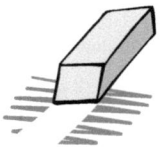

гумица за брисање

гумка

блок за цртање

альбом для малявання

цртеж

малюнак

кист

пэндзлік

кутија са бојама

фарбы

маказе

нажніцы

лепило

клей

белeжница

сшытак

домаћи задатак

хатняе заданне

број

лік

сабирати

дадаваць

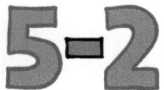

одузимати

адымаць

множити

множыць

рачунати

лічыць

слово

літара

абецеда

алфавіт

реч

слова

текст

тэкст

читати

чытаць

креда

крэйда

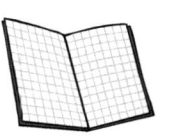

час

ўрок

дневник

класны журнал

испит

экзамен

сведочанство

атэстат

школска униформа

школьная форма

образовање

адукацыя

лексикон

энцыклапедыя

универзитет

універсітэт

микроскоп

мікраскоп

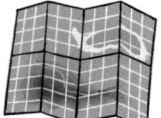

карта

карта

кошара за папир

смеццевы кошык

путовање

падарожжа

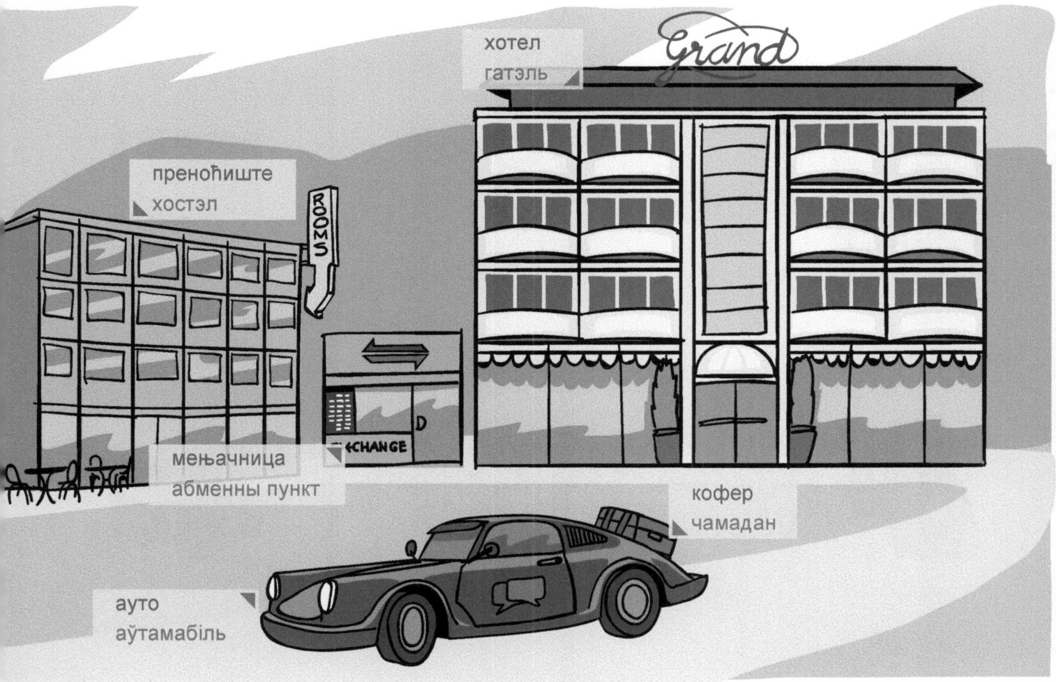
хотел
гатэль
Grand
преноћиште
хостэл
ROOMS
мењачница
абменны пункт
кофер
чамадан
ауто
аўтамабіль

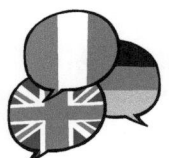

језик

мова

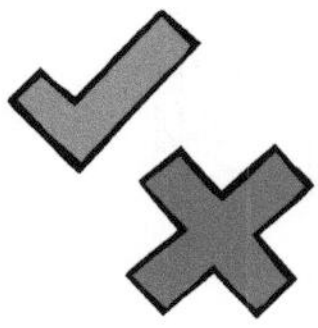

да / не

так / не

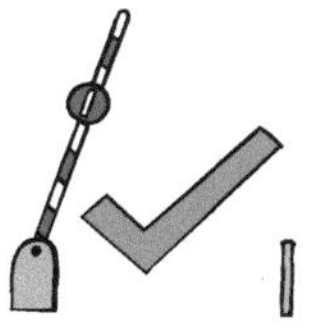

океј

добра

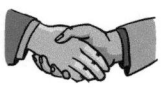

здраво

прывітанне!

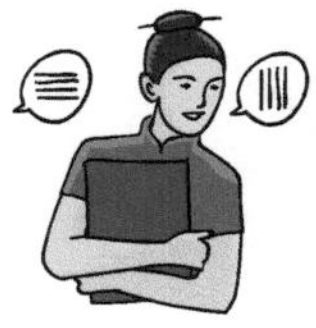

преводилац

перакладчык

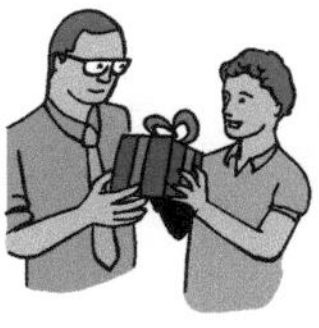

хвала

дзякуй

Колико кошта...?

Колькі каштуе....?

не разумем

я не разумею

проблем

праблема

добро вече!

Добры вечар!

Добро јутро!

Добрай раніцы!

Лаку ноћ!

Дабранач!

довиђења

да пабачэння

смер

кірунак

пртљага

багаж

торба

сумка

руксак

заплечнік

гост

госць

соба

пакой

врећа за спавање

спальны мяшок

шатор

палатка

туристичке информације

фармацыя для турыстаў

плажа

пляж

кредитна картица

крэдытная картка

доручак

снеданне

ручак

абед

вечера

вячэра

карта за вожњу

праязны білет

лифт

ліфт

поштанска маркица

паштовая марка

граница

мяжа

царина

мытня

амбасада

пасольства

виза

віза

пасош

пашпарт

транспорт
транспарт

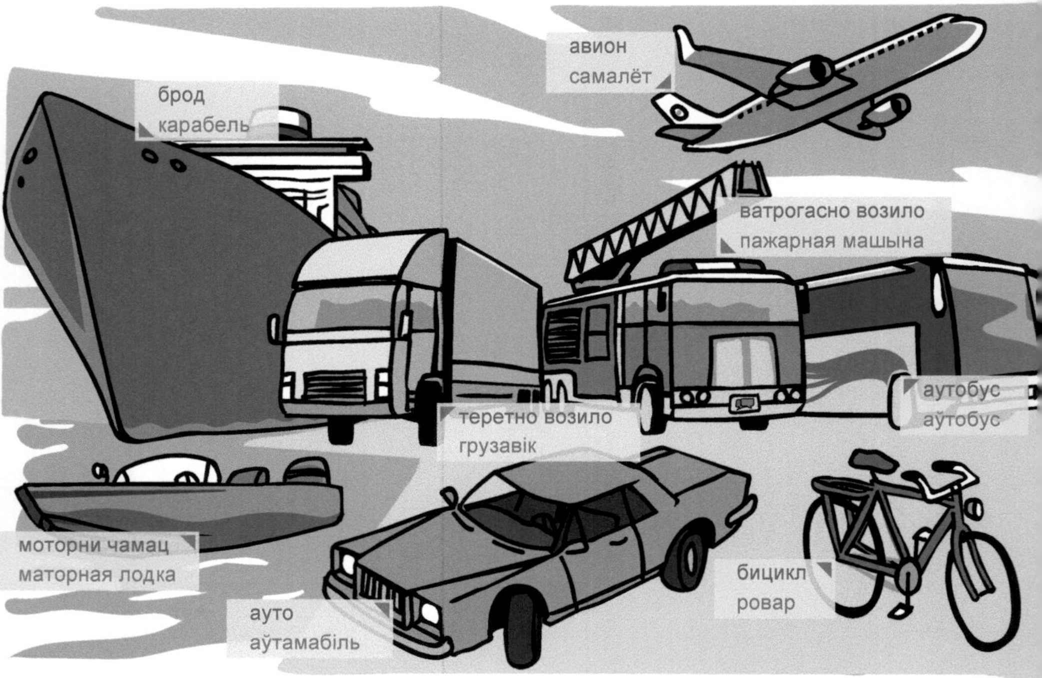
авион
самалёт
брод
карабель
ватрогасно возило
пажарная машына
аутобус
аўтобус
теретно возило
грузавік
моторни чамац
маторная лодка
бицикл
ровар
ауто
аўтамабіль

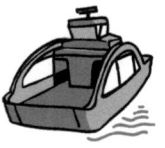

трајект

парoм

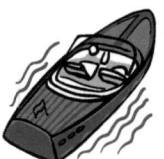

чамац

лодка

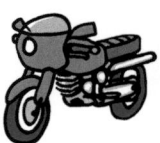

мотоцикл

матацыкл

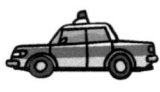

полицијски ауто

паліцэйская машына

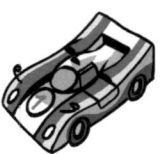

тркаћи ауто

гоначны аўтамабіль

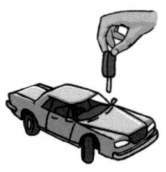

изнајмљено ауто

арэндаваны аўтамабіль

дељење аутомобила
....
сумеснае карыстанне
аўтамабілем

вучно возило
....
эвакуатар

возило за одвоз смећа
....
смеццявоз

мотор
....
матор

бензин
....
паліва

бензинска станица
....
запраўка

саобраћајни знак
....
дарожны знак

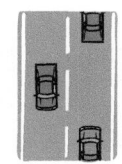

саобраћај
....
дарожны рух

застој
....
затор

паркиралиште
....
паркоўка

железничка станица
....
чыгуначная станцыя

шине
....
рэйкі

воз
....
цягнік

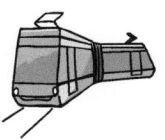

трамвај
....
трамвай

вагон
....
вагон

хеликоптер

верталёт

аеродром

аэрапорт

кула

вежа

путник

пасажыр

контејнер

кантэйнер

картон

кардонная скрыня

колица

тачка

корпа

карзіна

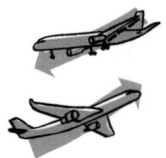

узлетети / слетети

ўзлятаць / прызямляцца

град
горад

село

вёска

центар града

цэнтр горада

кућа

дом

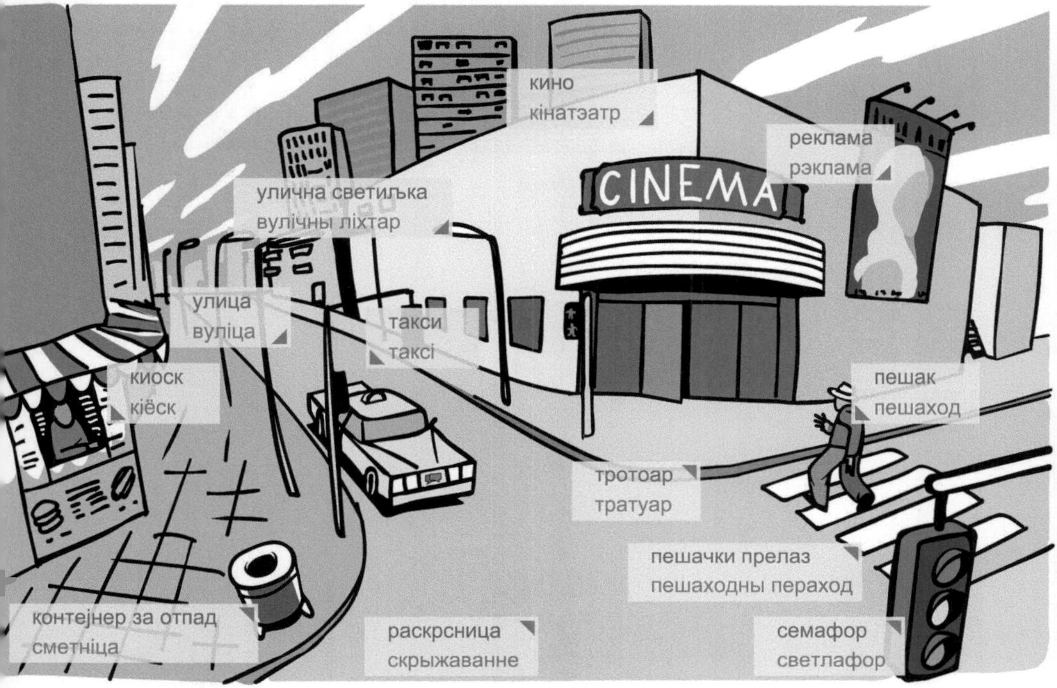

кино
кінатэатр

реклама
рэклама

улична светилька
вулічны ліхтар

улица
вуліца

такси
таксі

CINEMA

пешак
пешаход

киоск
кіёск

тротоар
тратуар

пешачки прелаз
пешаходны пераход

контејнер за отпад
сметніца

раскрсница
скрыжаванне

семафор
светлафор

колиба

халупа

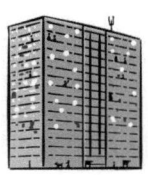

стан

кватэра

железничка станица

чыгуначная станцыя

веħница

ратуша

музеј

музей

школа

школа

универзитет

універсітэт

банка

банк

болница

шпіталь

хотел

гатэль

апотека

аптэка

канцеларија

офіс

књижара

кнігарня

продавница

крама

цвећара

кветкавая крама

супермаркет

супермаркет

трг

кірмаш

робна кућа

універмаг

рибарница

рыбная крама

трговачки центар

гандлевы цэнтр

лука

порт

парк

парк

клупа

лава

мост

мост

степенице

лесвіца

подземна железница

метро

тунел

тунэль

аутобуска станица

прыпынак

бар

бар

ресторан

рэстаран

поштанско сандуче

паштовая скрыня

улични знак

вулічны паказальнік

паркирни аутомат

паркамат

зоолошки врт

заапарк

базен

басейн

џамија

мячэць

сеоско газдинство

сядзіба

загађење околине

забруджванне
навакольнага асяроддзя

гробље

могілкі

црква

царква

игралиште

пляцоўка для гульні

храм

храм

пејсаж

краявід

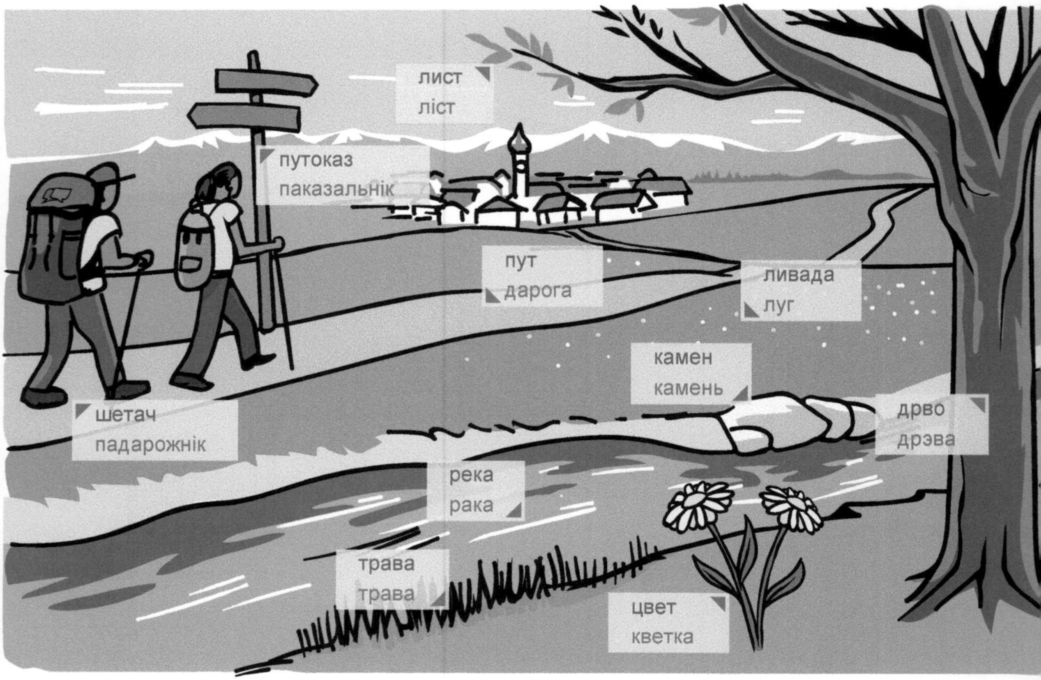

лист
ліст

путоказ
паказальнік

пут
дарога

ливада
луг

камен
камень

дрво
дрэва

шетач
падарожнік

река
рака

трава
трава

цвет
кветка

долина
даліна

планина
гара

језеро
возера

шума
лес

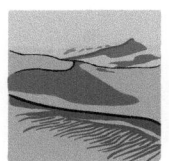

пустиња
пустыня

вулкан
вулкан

дворац
замак

дуга
вясёлка

гљива
грыб

палма
пальма

москито
камар

мува
муха

мрав
мурашка

пчела
пчала

паук
павук

буба
....
жук

жаба
....
жаба

веверица
....
вавёрка

јеж
....
вожык

зец
....
заяц

сова
....
сава

птица
....
птушка

лабуд
....
лебедзь

дивља свиња
....
дзік

јелен
....
алень

лос
....
лось

насип
....
плаціна

ветрењача
....
вятрак

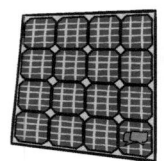

соларна плоча
....
сонечная батарэя

клима
....
клімат

ресторан

рэстаран

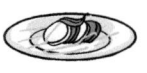

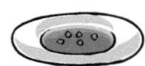

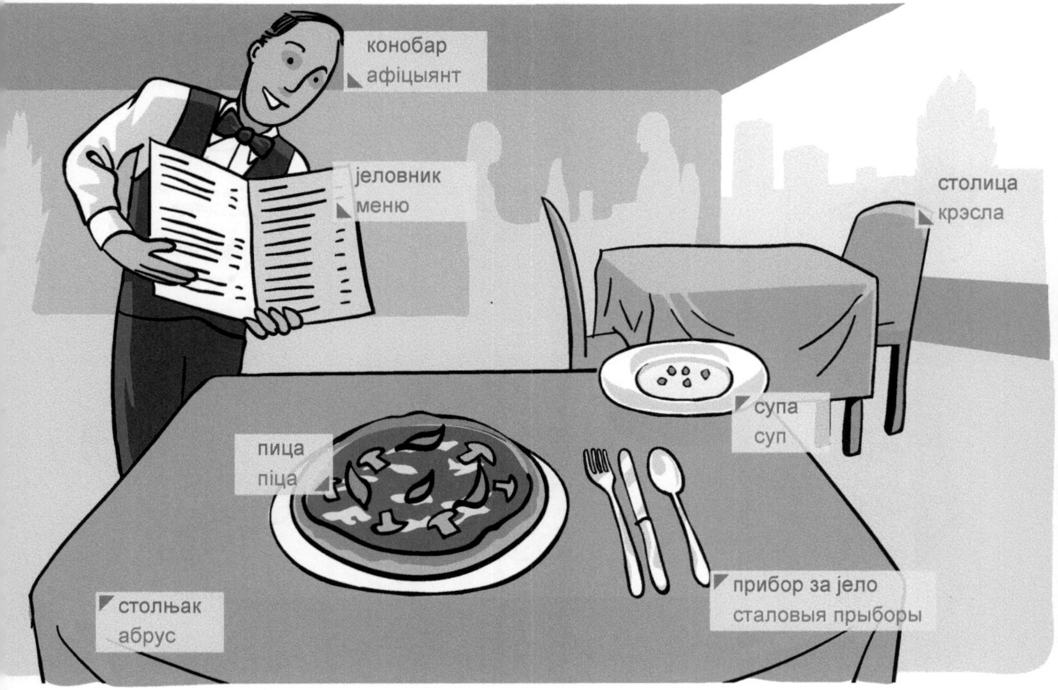
конобар
афіцыянт
јеловник
меню
столица
крэсла
супа
суп
пица
піца
прибор за јело
сталовыя прыборы
стољњак
абрус

предјело

закуска

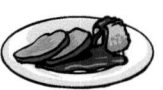

главно јело

другая страва

десерт

дэсерт

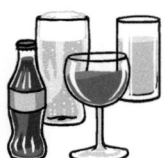

напитци

напоі

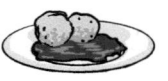

јело

ежа

флаша

бутэлька

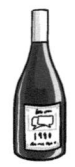

брза храна
....
хуткае харчаванне (фаст-
фуд)

имбис храна
....
стрыт-фуд

чајник
....
імбрык (чайнік)

доза за шећер
....
цукарніца

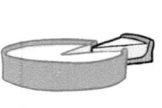

порција
....
порцыя

апарат за еспресо
....
эспрэса-машына

висока столица
....
дзіцячае крэселка

рачун
....
рахунак

послужавник
....
паднос

нож
....
нож

виљушка
....
відэлец

кашика
....
лыжка

чајна кашика
....
чайная лыжка

салвета
....
сурвэтка

чаша
....
шклянка

ресторан - рэстаран

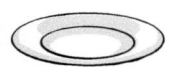

тањир

талерка

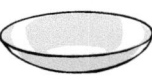

тањир за супу

супавая талерка

тањирић

сподак

сос

соус

сољенка

сальніца

млин за бибер

млынок для перцу

сирће

воцат

уље

алей

зачини

спецыі

кечап

кетчуп

сенф

гарчыца

мајонеза

маянэз

супермаркет

супермаркет

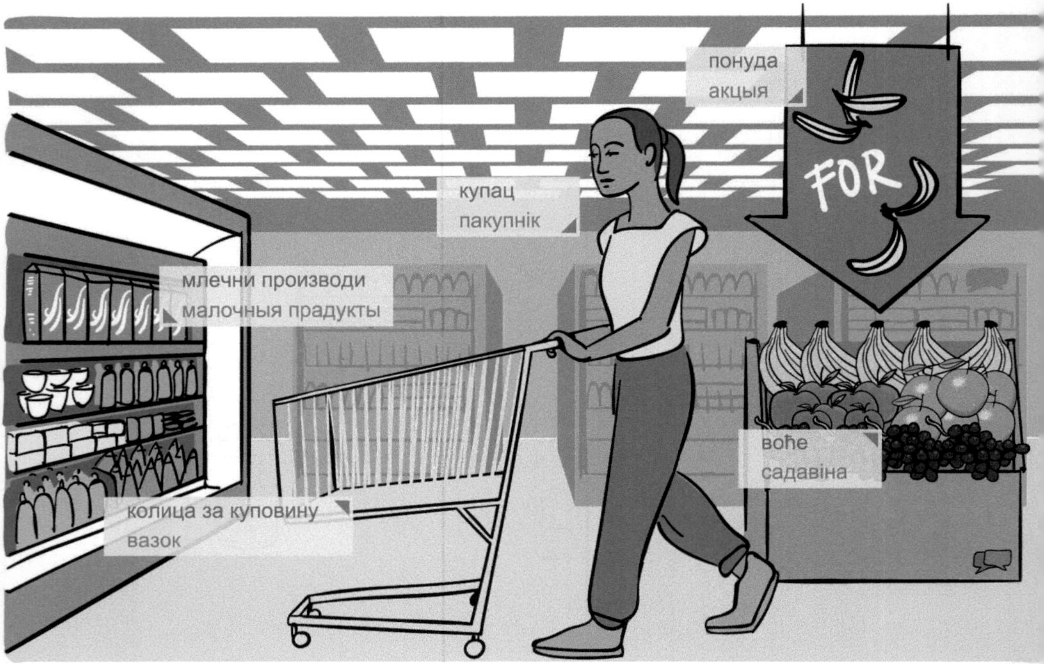
понуда
акцыя
FOR
купац
пакупнік
млечни производи
малочныя прадукты
воће
садавіна
колица за куповину
вазок

BUTCHERS

месница

мясная крама

BAKERY

пекара

хлебны магазін

вагати

важыць

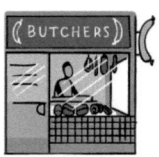

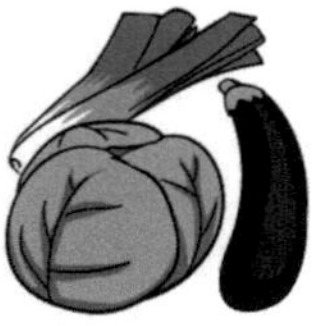

поврће

гароднiна

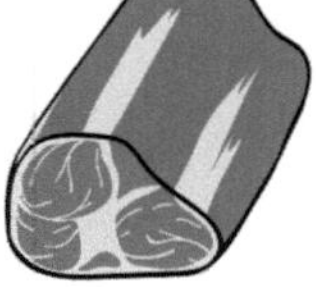

месо

мяса

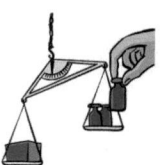

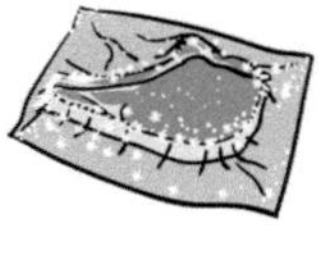

смрзнута храна

свежазамарожаныя прадукты

нарезак

нарэзка

конзерве

кансервы

средство за прање

пральны парашок

слаткиши

прысмакі

артикли за домаћинство

хатнія прылады

средства за чишћење

чысцячы сродак

продавачица

прадавец

благајна

каса

благајник

касір

листа за куповину

спіс пакупак

време рада

гадзіны працы

новчаник

бумажнік

кредитна картица

крэдытная картка

торба

сумка

пластична кеса

пакет

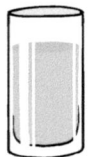

вода
....
вада

сок
....
сок

млеко
....
малако

кола
....
кола

вино
....
віно

пиво
....
піва

алкохол
....
алкаголь

какао
....
какава

чај
....
гарбата (чай)

кава
....
кава

еспресо
....
эспрэса

капућино
....
капучына

банана

банан

jабука

яблык

наранџа

апельсін

лубеница

дыня

лимун

лімон

шаргарепа

морква

бели лук

часнок

бамбус

бамбук

лук

цыбуля

гљива

грыб

орашасти плодови

арэхі

резанци

локшына

шпагете

спагеці

рижа

рыс

салата

салата

помфрит

бульба фры

печени крумпир

смажаная бульба

пица

піца

хамбургер

гамбургер

сендвич

бутэрброд

шницла

шніцаль

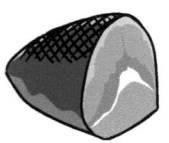

шунка

вяндліна

салама

салямі

кобасица

каўбаса

кокош

курыца

печење

смажаніна

риба

рыбак

зобене пахуљице

аўсяныя камякі

мусли

мюслі

кукурузне пахуљице

кукурузныя шматкі

брашно

мука

кроасан

круасан

пециво

булачка

хлеб

хлеб

тоаст

тост

кекси

пячэнне

маслац

масла

свежи сир

тварог

колач

пірог

jaje

яйка

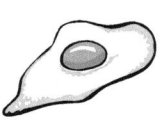

jaje на око

яечня

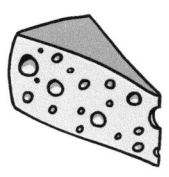

сир

сыр

сладолед

мaрожанае

шећер

цукар

мед

мёд

мармелада

варэнне

нугат крема

нуга

кари

кары

сеоско газдинство
сядзіба

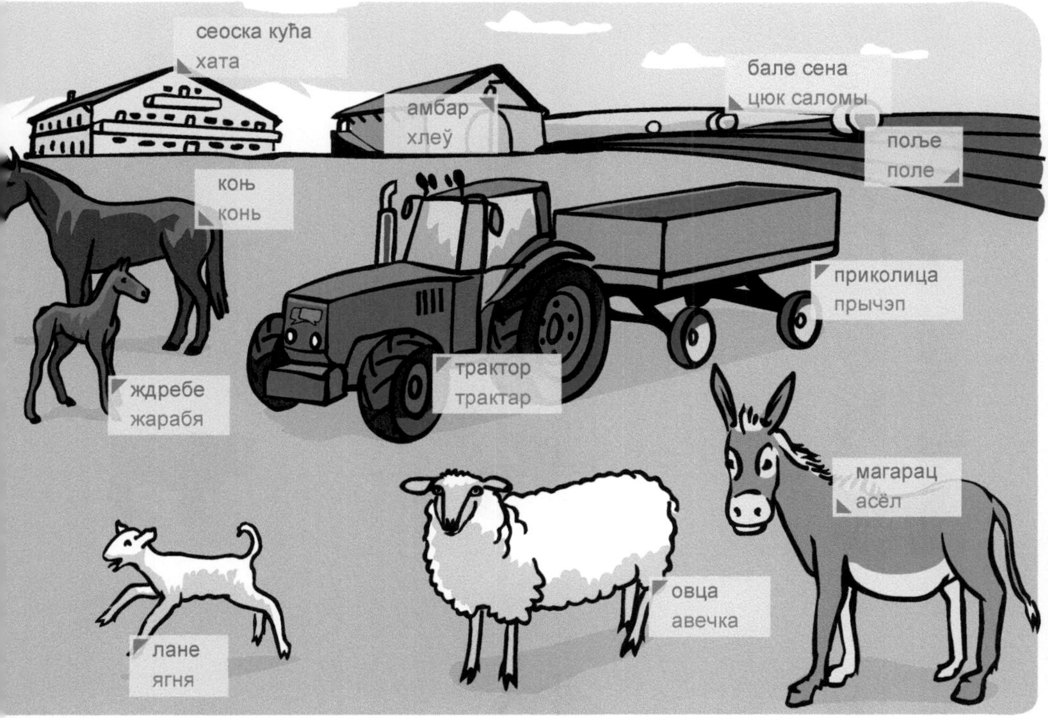
сеоска кућа
хата
амбар
хлеў
бале сена
цюк саломы
поље
поле
коњ
конь
приколица
прычэп
трактор
трактар
ждребе
жарабя
магарац
асёл
овца
авечка
лане
ягня

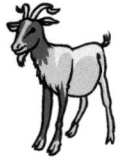

коза

каза

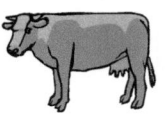

крава

карова

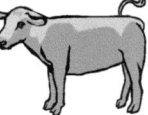

теле

цяля

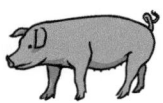

свиња

свіння

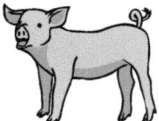

прасе

парася

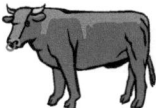

бик

бык

гуска

гусак

патка

качка

пилићи

кураня

кокош

курыца

петао

певень

пацов

пацук

мачка

кот

миш

мыш

вол

вол

пас

сабака

кућица за пса

сабачая будка

вртно црево

садовы шланг

канта за поливање

палівачка

коса

каса

плуг

плуг

28   сеоско газдинство - сядзіба

срп

серп

мотика

матыка

виљушка за ђубриво

вілы для гною

секира

сякера

тачке

тачка

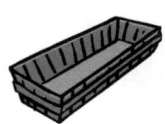

корито

карыта

посуда за млеко

бітон для малака

вређа

мех

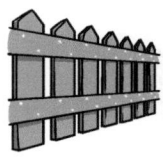

ограда

плот

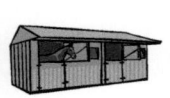

штала

хлеў

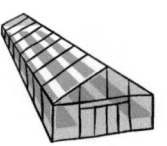

стакленик

цяпліца

земља

глеба

семе

насенне

ђубриво

угнаенне

комбајн

камбайн

жети

збіраць ураджай

жетва

ураджай

јамс зачин

ямс

пшеница

пшаніца

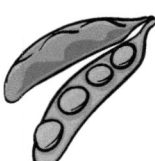

соја

соя

крумпир

бульба

кукуруз

кукуруза

уљана репица

рапс

воћка

садовае дрэва

гомољ маниоке

маніёк

житарице

збожжа

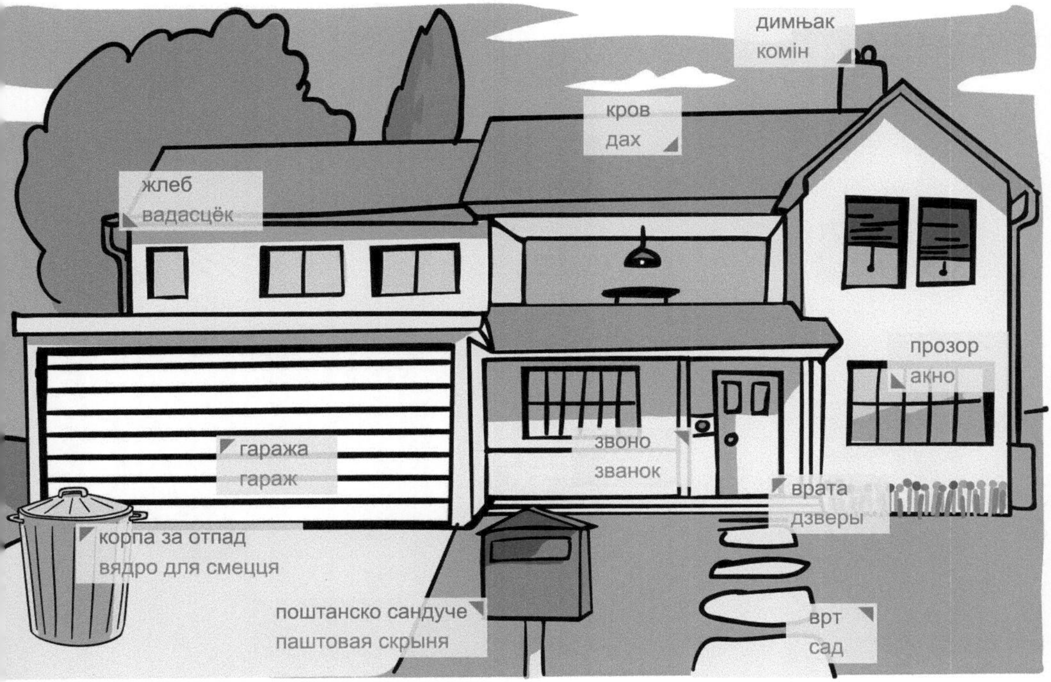

димњак
комін

кров
дах

жлеб
вадасцёк

прозор
акно

гаража
гараж

звоно
званок

врата
дзверы

корпа за отпад
вядро для смецця

поштанско сандуче
паштовая скрыня

врт
сад

дневна соба
жылы пакой

купаоница
ванная

кухиња
кухня

спаваћа соба
спальны пакой

дечија соба
дзіцячы пакой

трпезарија
сталоўка

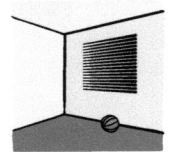

под

падлога

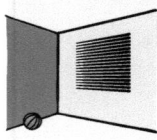

зид

сцяна

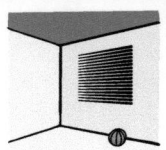

строп

столь

подрум

падвал

сауна

саўна

балкон

балкон

тераса

тэраса

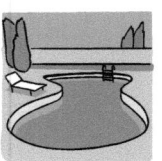

базен

басейн

косилица за траву

касілка

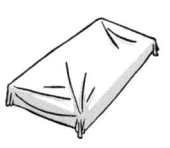

постељина за кревет

падкоўдранік

дека за кревет

коўдра

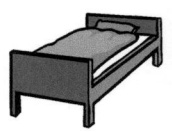

кревет

ложак

метла

венік

канта

вядро

прекидач

выключальнік

дневна соба

жылы пакой

тапета
шпалеры
слика
малюнак
светиљка
лямпа
регал
паліца
ормар
шафа
телевизија
тэлевізар
камин
камін
цвет
кветка
јастук
падушка
кауч
канапа
ваза
ваза
даљински управљач
пульт

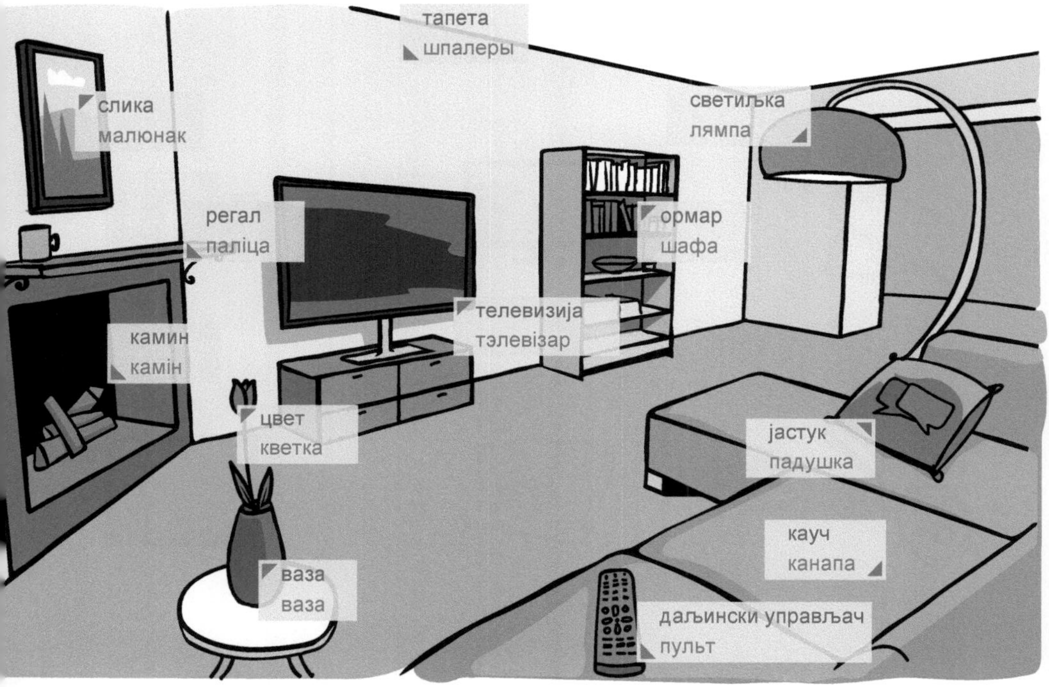

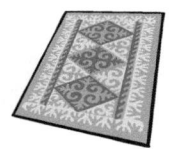

тепих

дыван

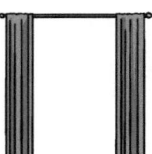

завеса

фіранка

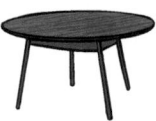

сто

стол

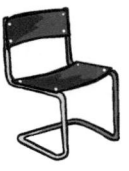

столица

крэсла

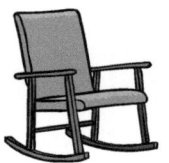

столица за њихање

крэсла-качалка

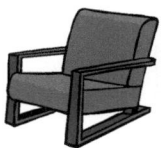

фотеља

крэсла

књига

књiга

дека

коўдра

декорација

дэкарацыя

дрво за огрев

дровы

филм

кіно

хи-фи уређај

стэрэасістэма

кључ

ключ

новине

газета

слика на платну

карціна

постер

постар

радио

радыё

блок за писање

нататнік

усисивач

пыласос

кактус

кактус

свећа

свечка

кухиња

кухня

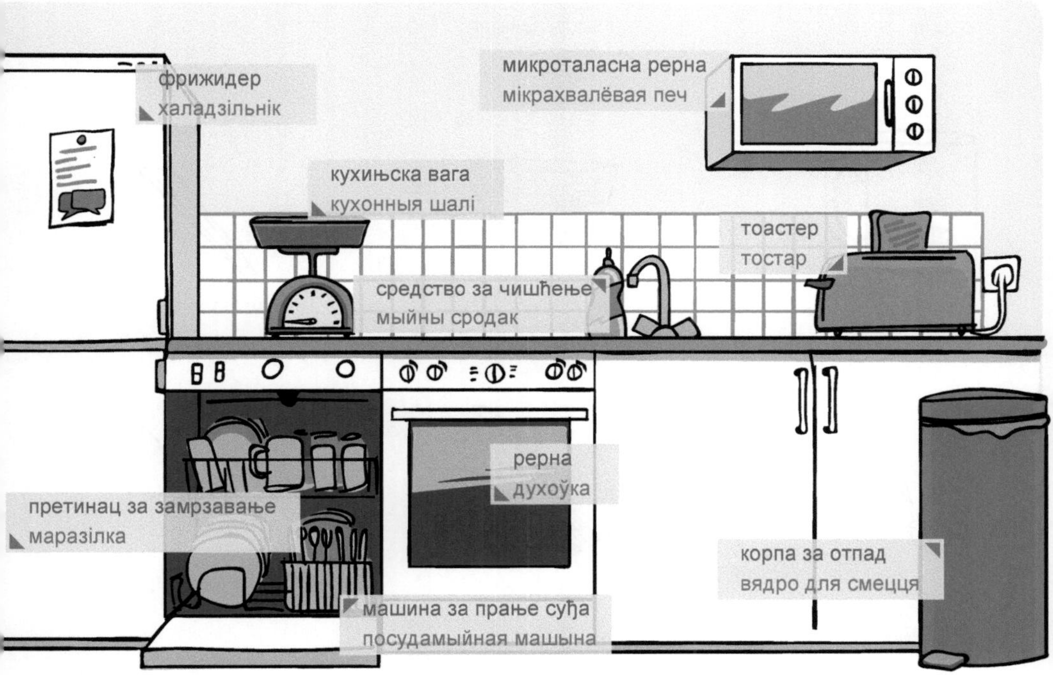
фрижидер
халадзільнік
микроталасна рерна
мікрахвалёвая печ
кухињска вага
кухонныя шалі
тоастер
тостар
средство за чишћење
мыйны сродак
рерна
духоўка
претинац за замрзавање
маразілка
корпа за отпад
вядро для смецця
машина за прање суђа
посудамыйная машына

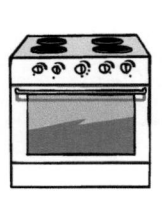

шпорет

пліта

лонац

рондаль

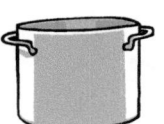

гвоздени лонац

чыгунок

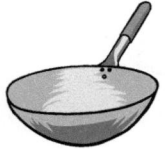

вок / кадаи

Вок / кадаі

тава

патэльня

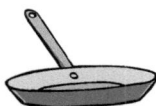

кувало за воду

чайнік

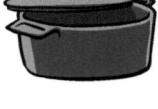

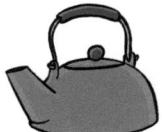

кувало на пару

параварка

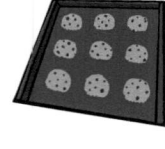

лим за печење

бляха

посуђе

посуд

чаша

кубак

посуда

міска

штапићи за јело

палачкі для ежы

кутлача

чарпак

лопатица

лапатачка

пењача

збівалка

сито за кување

сіта для варэння

сито

сіта

рибеж

тарка

мужар

ступка

роштиљ

грыль

огњиште

вогнішча

даска
дошка

оклагија
качалка

вадичеп
штопар

конзерва
бляшанка

отварач конзерви
адкрывалка

крпа за лонац
прыхваткі

судопер
ракавіна

четка
шчотка

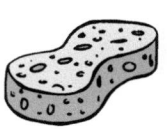

сунђер
губка

миксер
міксер

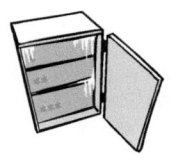

замрзивач
маразільная камера

флашица за бебе
бутэлечка

славина за воду
вадаправодны кран

купаоница

ванная

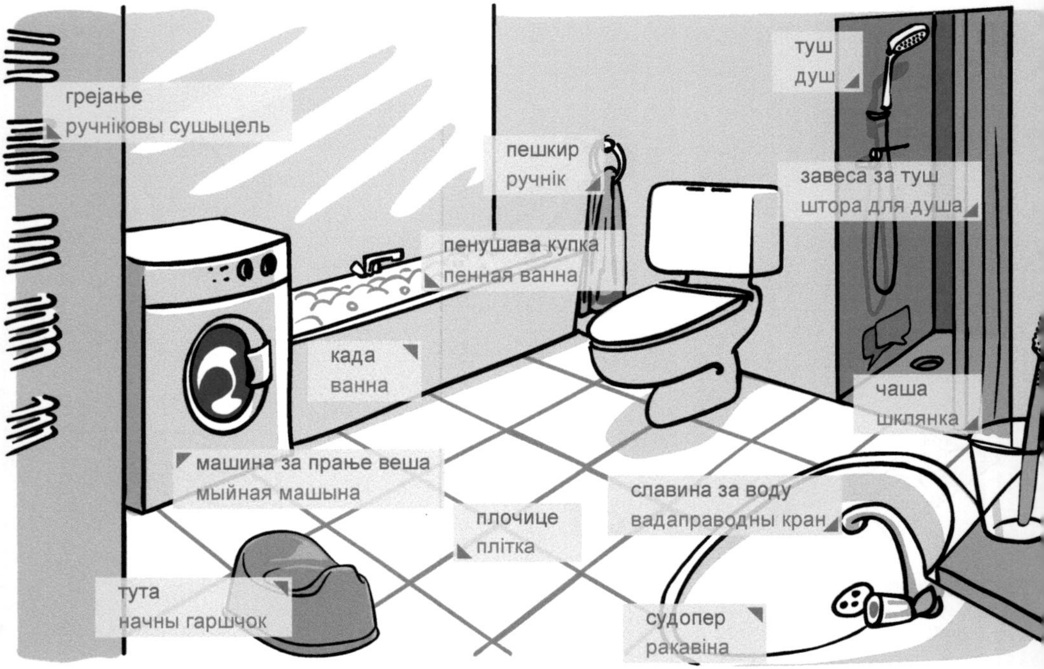

туш
душ
грејање
ручніковы сушыцель
пешкир
ручнік
завеса за туш
штора для душа
пенушава купка
пенная ванна
када
ванна
чаша
шклянка
машина за прање веша
мыйная машына
славина за воду
вадаправодны кран
плочице
плітка
тута
начны гаршчок
судопер
ракавіна

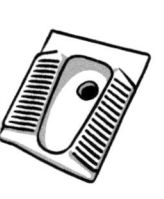

тоалет

туалет

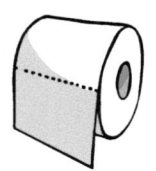

чучавац

падлогавы ўнітаз

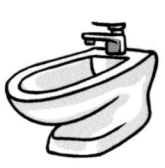

бидет

бідэ

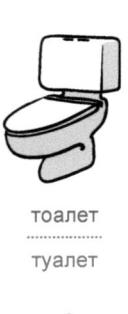

писоар

пісуар

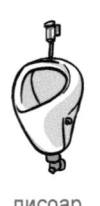

тоалетни папир

туалетная папера

четка за тоалет

шчотка для чысткі ўнітаза

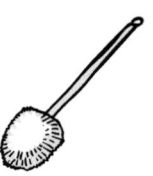

четкица за зубе

зубная шчотка

паста за зубе

зубная паста

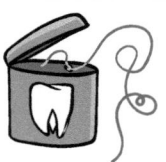

конац за зубе

зубная нітка

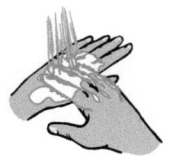

прати

мыць

туш ручица

ручны душ

туш за прање интимних делова

інтымны душ

лавор

умывальнік

четка за прање леђа

шчотка для спіны

сапун

мыла

гел за туширање

гель для душа

шампон

шампунь

крпа за прање

вяхотка

одвод

вадасцёк

крема

крэм

дезодоранс

дэзадарант

огледало

касметычнае люстэрка

козметичко огледало

касметычнае люстэрка

бријач

станок для галення

пена за бријање

пена для галення

лосион за после бријања

ласьён пасля галення

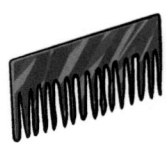

чешаљ

грэбень

четка

шчотка

фен за косу

фен

спреј за косу

лак для валасоў

шминка

касметыка

руж за усне

памада

лак за нокте

лак для пазногцяў

вата

вата

маказе за нокте

манікюрныя нажніцы

парфем

духі

козметичка торбица

касметычка

столица

табурэтка

вага

вагі

огртач

лазневы халат

рукавице за чишћење

санітарныя пальчаткі

тампон

тампон

уложак

гігіенічныя пракладкі

хемијски тоалет

біятуалет

дечија соба

дзіцячы пакой

будилник
будзільнік
плишана играчка
мяккая цацка
ауто играчка
цацачная машынка
звечка
бразготка
кућица за лутке
лялечны домік
поклон
падарунак

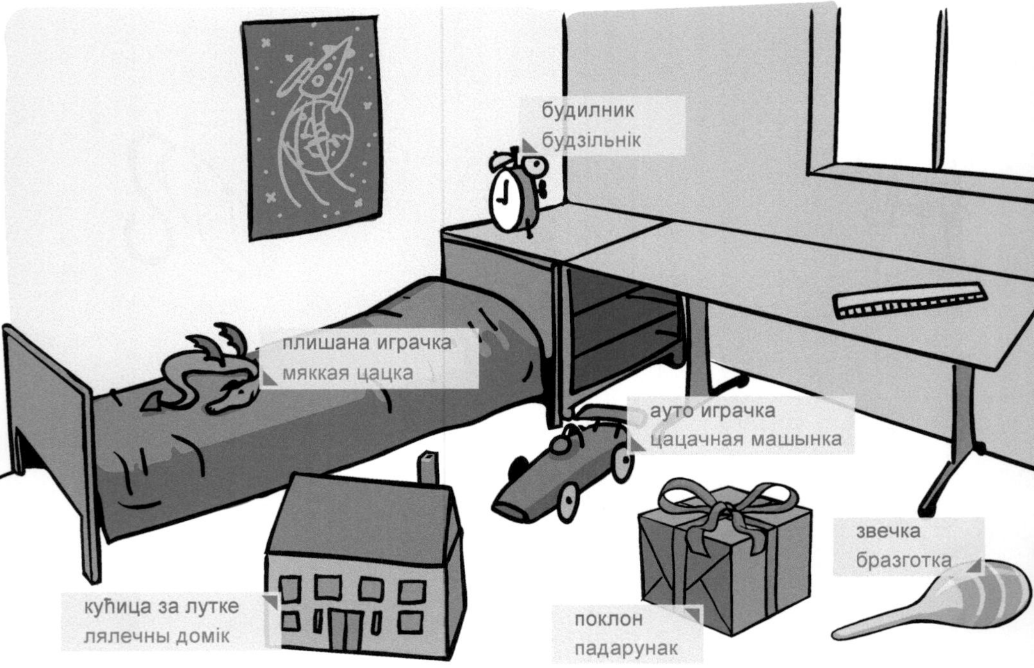

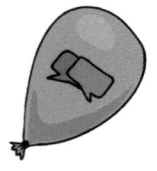

балон

надзіманы шарык

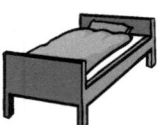

кревет

ложак

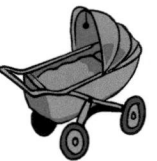

дјечија колица

дзіцячая каляска

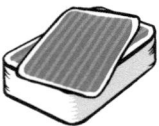

игра са картама

калода картаў

слагалица

пазл

SUPER
MEGA

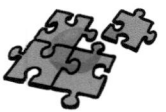

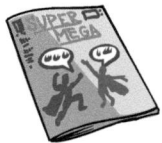

стрип

комікс

лего коцкице

канструктар "Лега"

коцкице за слагање

канструктар

акциони јунак

экшэн-фігурка

бенкица за бебе

дзіцячы гарнітур

фризби

фрызбі

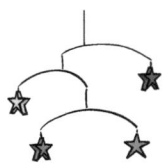

висеће играчке

дзіцячы мабіль

друштвене игре

настольная гульня

коцка

кубік

минијатурна жељезница

дзіцячая чыгунка

дуда

пустышка

забава

дзіцячае свята

сликовница

кніга з малюнкамі

лопта

мячык

лутка

лялька

играти

гуляцца

пешчаник

пясочніца

љуљачка

арэлі

играчка

цацкі

конзола за игре

гульнявая відэа прыстаўка

трицикл

трохколавы ровар

теди

плюшавы мішка

ормар

шафа

кратке чарапе

шкарпэткі

чарапе

панчохі

хулахопке

калготкі

шал
шалік

кишобран
парасон

каиш
рамень

мајица
цішотка

чизме
боты

папуче
пантоплі

патике
красоўкі

сандале
····
сандалі

ципеле
····
абутак

гумене чизме
····
гумовыя боты

гаћице
····
трусы

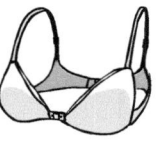

грудњак
····
бюстгальтар

поткошуља
····
майка

боди

бодзі

панталоне

штаны

фармерке

джынсы

сукња

спадніца

блуза

блузка

кошуља

кашуля

џемпер

джэмпер

џемпер с капуљачом

талстоўка

сако

блэйзер

јакна

куртка

мантил

паліто

кабаница

дажджавік

костим

касцюм

хаљина

сукенка

венчаница

вясельная сукенка

одело
касцюм

спаваћица
начная сарочка

пиџама
піжама

сари
сары

марама за главу
хустка

турбан
цюрбан

бурка
паранджа

кафтан
каптан

абаја
Абая

купаћи костим
купальнік

купаће гаћице
плаўкі

кратке панталоне
шорты

одећа за тренинг
спартыўны касцюм

кецеља
фартух

рукавице
пальчаткі

дугме

гузік

наочаре

акуляры

наруквица

бранзалет

огрлица

каралі

прстен

кальцо

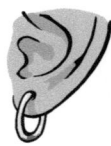

наушница

завушніца

капа

кепка

вешалица

вешалка

шешир

капялюш

кравата

гальштук

патент затварач

маланка

кацига

шлем

нараменице

падцяжкі

школска униформа

школьная форма

униформа

уніформа

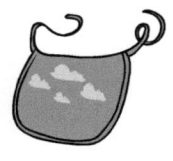

подбрадак

нагруднік

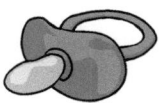

дуда

пустышка

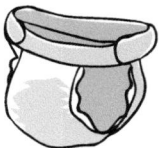

пелена

падгузнік

канцеларија

офіс

сервер
сервер
ормар за списе
канцылярская шафа
штампач
прынтэр
папир
папера
монитор
манітор
миш
мыш
писаћи стол
пісьмовы стол
мапа
тэчка
тастатура
клавіятура
кошара за папир
смеццевы кошык
компјутер
кампутар
столица
крэсла

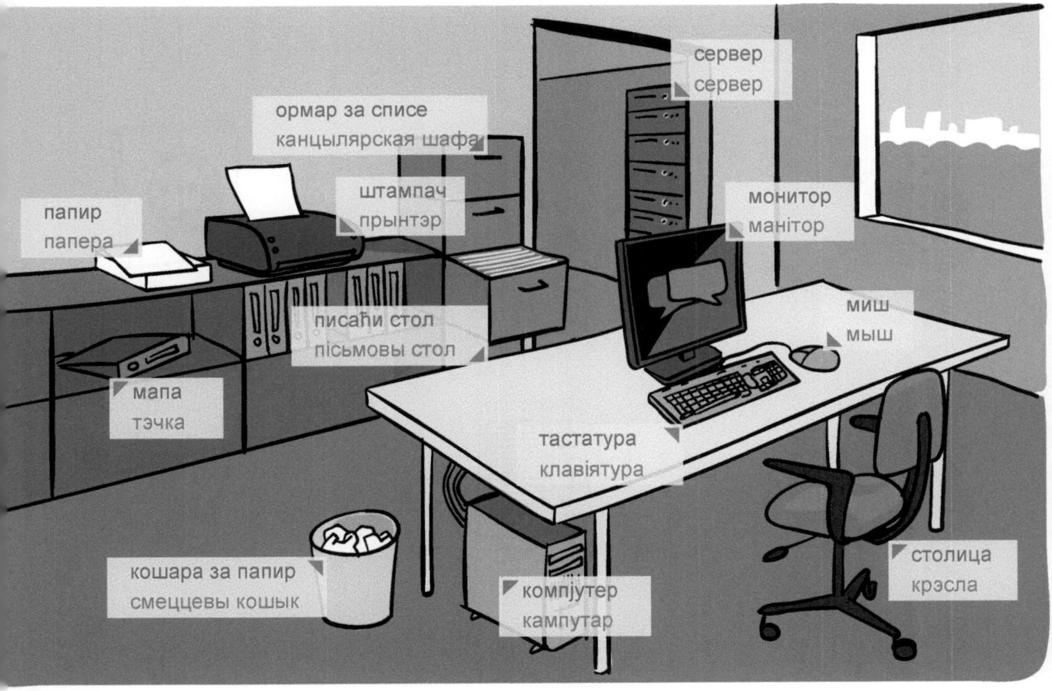

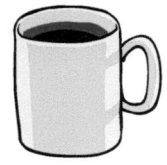

шалица за каву

бак для кавы (філіжанка)

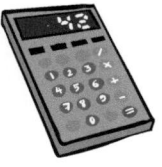

калкулатор

калькулятар

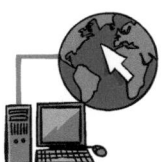

интернет

інтэрнэт

лаптоп

ноўтбук

писмо

ліст

порука

паведамленне

мобилни телефон

мабільны тэлефон

мрежа

сетка

уређај за копирање

ксеракс

софтвер

праграмнае забеспячэнне

телефон

тэлефон

утичница

разетка

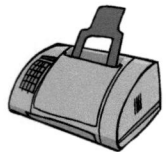

факс

факс

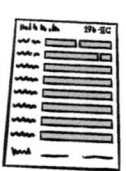

формулар

фармуляр

документ

дакумент

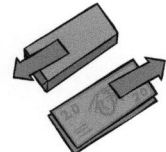

куповати

купляць

платити

плаціць

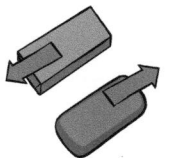

трговати

гандляваць

новац

грошы

долар

долар

евро

еўра

јен

ена

рубља

рубель

швајцарски франак

франк

ренминдби јуан

кітайскі юань

рупија

рупія

аутомат за новац

банкамат

мењачница

абменны пункт

злато

золата

сребро

срэбра

нафта

нафта

енергија

энергія

цена

цана

уговор

кантракт

порез

падатак

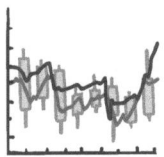

деонице

акцыя

радити

працаваць

службеник

служачы

послодавац

працадаўца

фабрика

фабрыка

продавница

крама

занимања
прафесіі

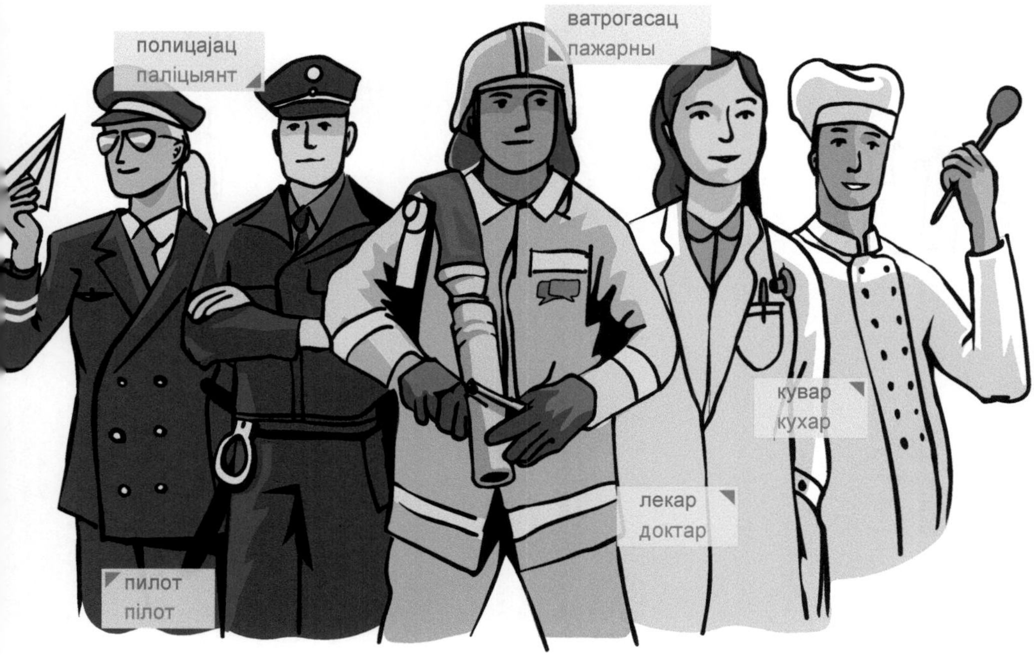

полицајац
паліцыянт
ватрогасац
пажарны
кувар
кухар
лекар
доктар
пилот
пілот

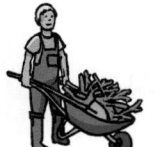

вртлар

садоўнік

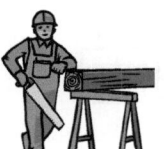

столар

слесар

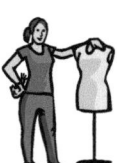

кројачица

швачка

судија

суддзя

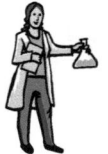

хемичар

хімік

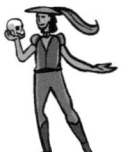

глумац

артыст

возач аутобуса

кіроўца аўтобуса

возач таксија

таксіст

рибар

рыбак

чистачица

прыбіральшчыца

кровопокривач

страхар

конобар

афіцыянт

ловац

паляўнічы

сликар

мастак

пекар

пекар

електричар

электрык

грађевински радник

будаўнік

инжењер

інжынер

месар

мяснік

лимар

сантэхнік

поштар

паштальён

војник

салдат

архитекта

архітэктар

благајник

касір

цвећар

фларыст

фризер

цырульнік

кондуктер

кандуктар

механичар

механік

капетан

капітан

зубар

стаматолаг

научник

вучоны

раби

рабін

имам

імам

монах

манах

свећеник

святар

алати ·

інструменты

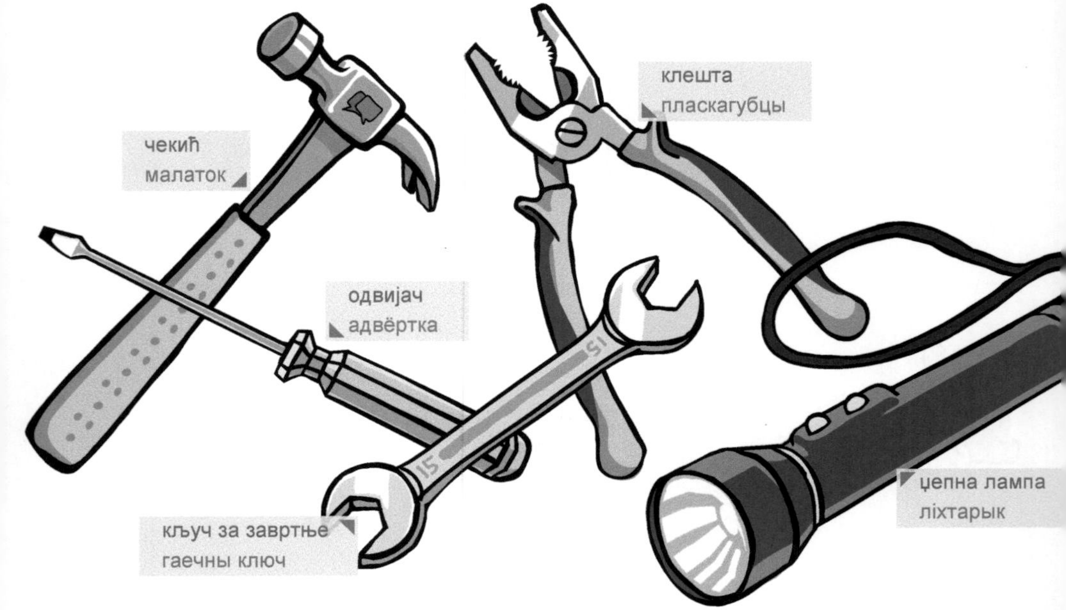

чекић
малаток

клешта
пласкагубцы

одвијач
адвёртка

кључ за завртње
гаечны ключ

џепна лампа
ліхтарык

багер

экскаватар

кутија за алат

скрыня для інструментаў

мердевине

дравіны

пила

піла

ексер

цвікі

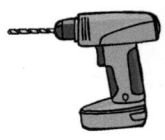

бушилица

дрыль

поправити

рамантаваць

лопата

рыдлеўка

до ђавола!

Халера!

лопатица

шуфлік для смецця

лонац за боју

вядро з фарбаю

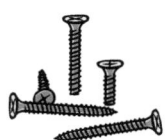

завртањи

балты

музички инструмент
музычныя інструменты

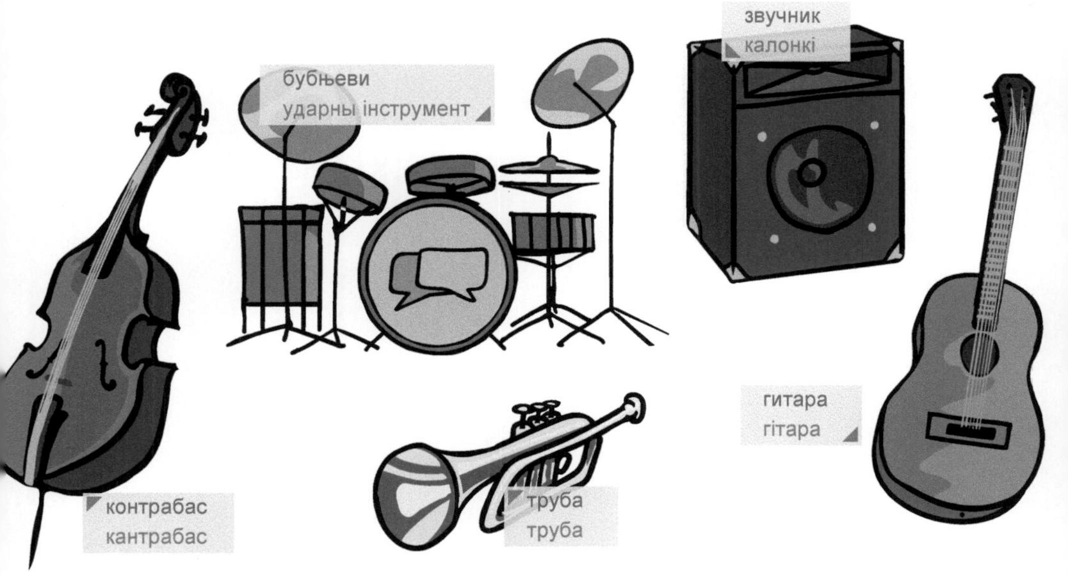

звучник
калонкі

бубњеви
ударны інструмент

контрабас
кантрабас

труба
труба

гитара
гітара

клавир

піяніна

виолина

скрыпка

бас

басгітара

тимпани

літаўры

удараљке за бубњеве

барабан

типке клавира

клавішны электрамузычны інструмент

саксофон

саксафон

флаута

флейта

микрофон

мікрафон

тигар
тыгр

улаз
уваход

кавез
клетка

зебра
зебра

храна за животиње
корм для жывёл

панда
панда

животиње

жывёлы

слон

слон

кенгур

кенгуру

носорог

насарог

горила

гарыла

медвед

мядзведзь

камила

вярблюд

нoj

стравус

лав

леў

маjмун

малпа

фламинго

фламінга

папагаj

папугай

поларни медвед

белы мядзведзь

пингвин

пінгвін

аjкула

акула

паун

паўлін

змиjа

змяя

крокодил

кракадзіл

чувар у зоолошком врту

наглядчык заапарка

туљан

цюлень

jагуар

ягуар

пони

поні

леопард

леапард

нилски коњ

бегемот

жирафа

жыраф

орао

арол

дивља свиња

дзік

риба

рыбак

корњача

чарапаха

морж

морж

лисица

ліса

газела

газель

амерички ногомет
амерыканскі футбол

бициклизам
веласпорт

тенис
тэніс

кошарка
баскетбол

пливање
плаванне

бокс
бокс

хокеј на леду
хакей з шайбай

фудбал
футбол

бадминтон
бадмінтон

атлетика
лёгкая атлетыка

рукомет
гандбол

скијање
горныя лыжы

поло
пола

активности

дзейнасць

смејати се
смяяцца
скочити
скакаць
загрлити
абдымаць
ићи
ісці
певати
спяваць
сањати
марыць
молити се
маліцца
пољубити
цалаваць

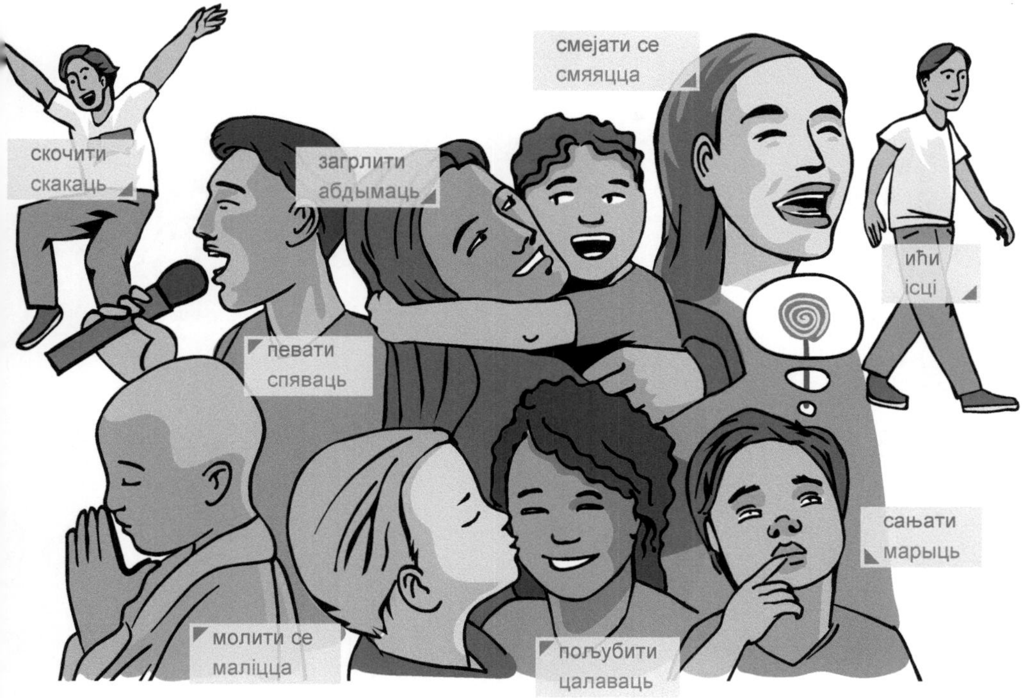

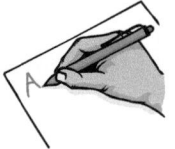

писати

пісаць

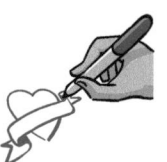

цртати

маляваць

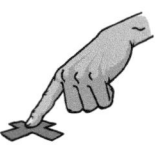

показати

паказваць

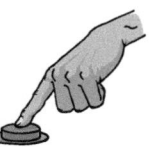

гурати

націснуць

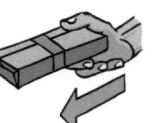

дати

даваць

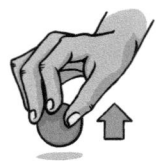

узети

браць

имати

маць

чинити

выконваць

бити

быць

стоjати

стаяць

трчати

бегчы

повлачити

цягнуць

бацити

кідаць

падати

падаць

лежати

ляжаць

чекати

чакаць

носити

насіць

седити

сядзець

облачити

апранацца

спавати

спаць

пробудити се

прачынацца

гледати

глядзець

плакати

плакаць

миловати

лашчыць

чешљати

прычэсвацца

говорити

гаварыць

разумети

разумець

питати

пытаць

слушати

чуць

пити

піць

јести

есці

поспремити

прыбіраць

волети

кахаць

кухати

гатаваць

возити

ехаць

летети

лятаць

активности - дзейнасць

65

пловити

плаваць пад ветразем

рачунати

лічыць

читати

чытаць

учити

вучыць

радити

працаваць

венчати се

уступаць у шлюб

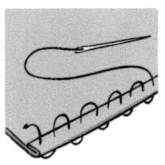

шити

шыць

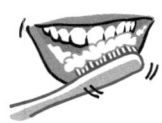

прати зубе

чысціць зубы

убити

забіваць

пушити

курыць

послати

пасылаць

породица
сям'я

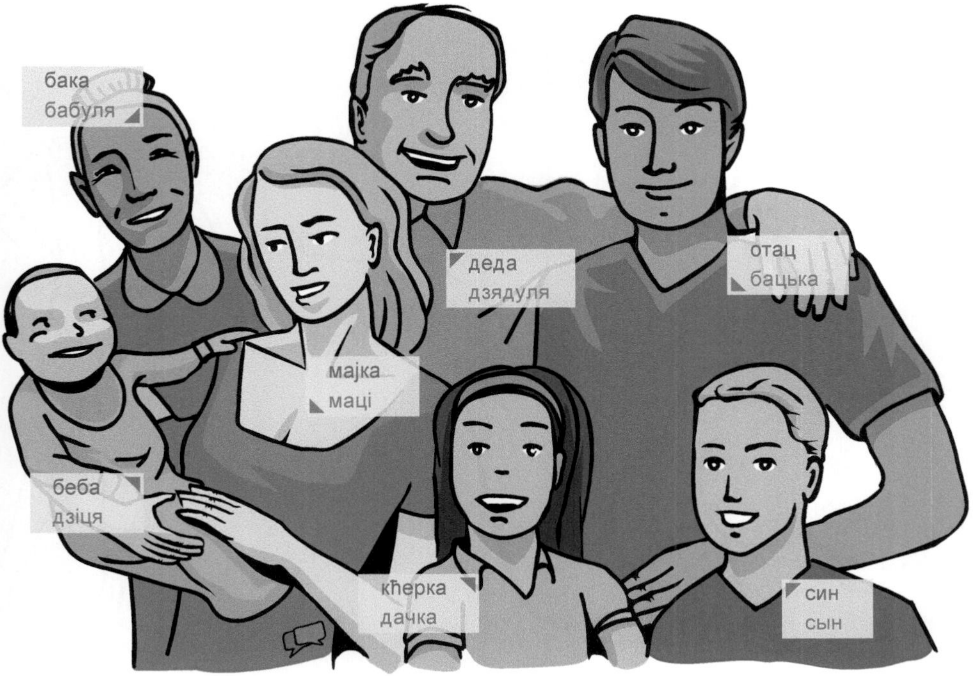

бака
бабуля
деда
дзядуля
отац
бацька
мајка
маці
беба
дзіця
кћерка
дачка
син
сын

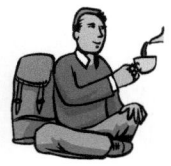

гост

госць

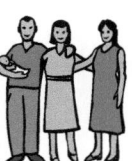

тетка

цётка

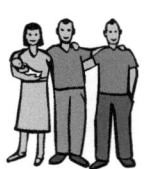

ујак, стриц

дзядзька

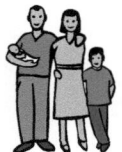

брат

брат

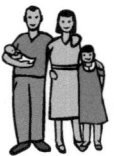

сестра

сястра

тело

цела

чело
лоб
око
вока
раме
плячо
прст
палец
лице
твар
брада
падбародак
рука
рука
нога
нага
груди
грудзі
рука
рука

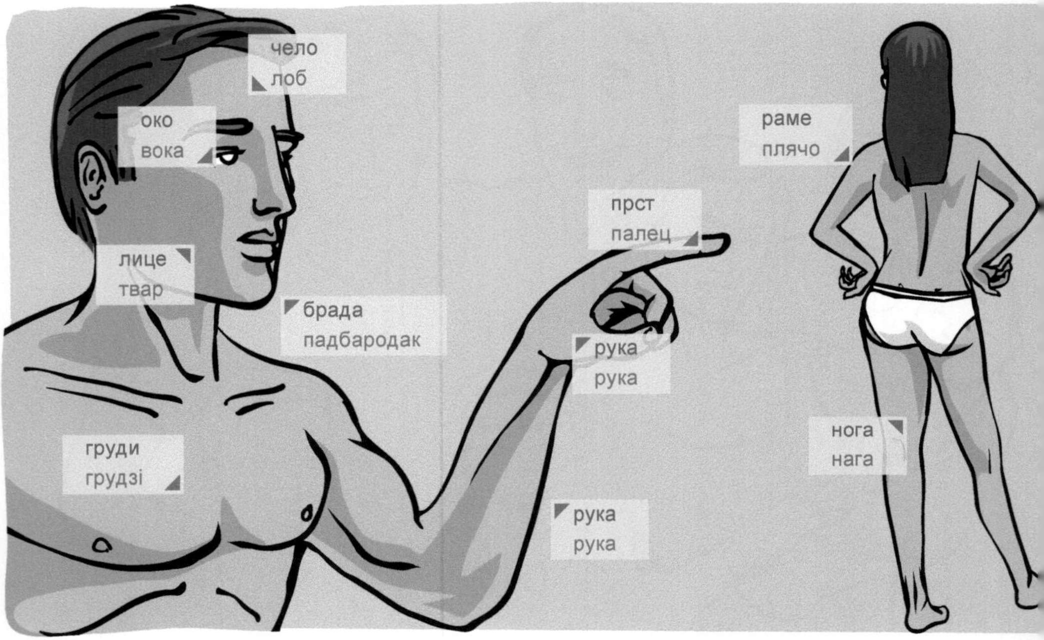

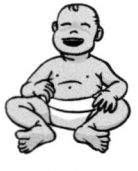

беба

дзіця

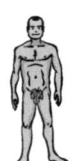

мушкарац

мужчына

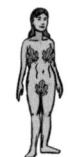

жена

жанчына

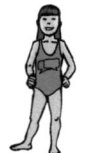

девојчица

дзяўчынка

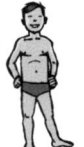

дечак

хлопчык

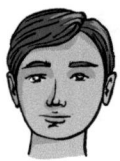

глава

галава

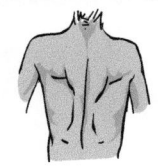

леђа
....
спіна

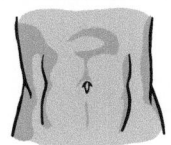

стомак
....
жывот

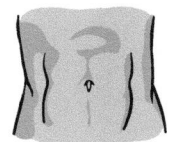

пупак
....
пуп

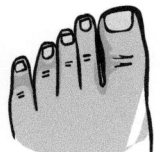

ножни прст
....
палец нагі

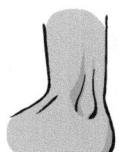

пета
....
пятка

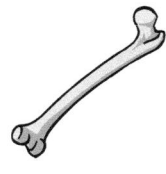

кост
....
костка

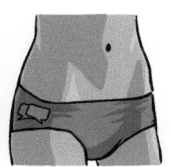

кукови
....
бядро

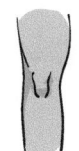

колено
....
калена

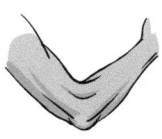

лакат
....
локаць

нос
....
нос

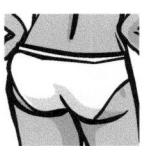

задњица
....
ягадзіца

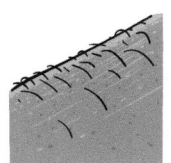

кожа
....
скура

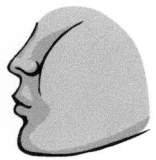

образ
....
шчака

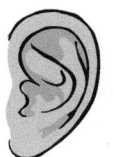

уво
....
вуха

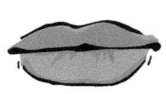

усна
....
губа

тело - цела

уста

рот

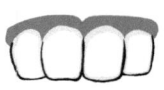

зуб

зуб

језик

язык

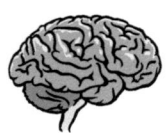

мозак

галаўны мозг

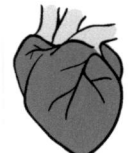

срце

сэрца

мишић

мышца

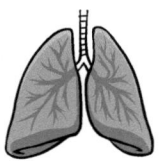

плућа

лёгкае

јетра

пячонка

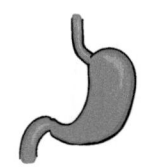

желудац

страўнік

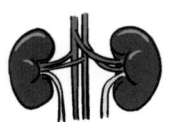

бубрези

ныркі

полни однос

сэкс

кондом

прэзерватыў

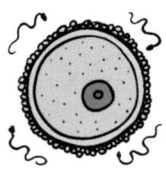

јајна ћелија

яйцаклетка

сперма

сперма

трудноћа

цяжарнасць

70   тело - цела

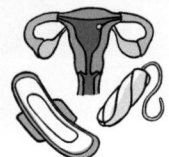

менструација
менструацыя

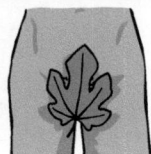

вагина
похва

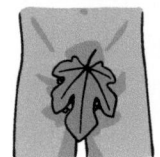

пенис
пеніс

обрва
брыво

коса
валасы

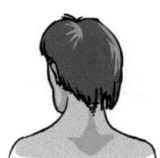

врат
шыя

болница
шпіталь

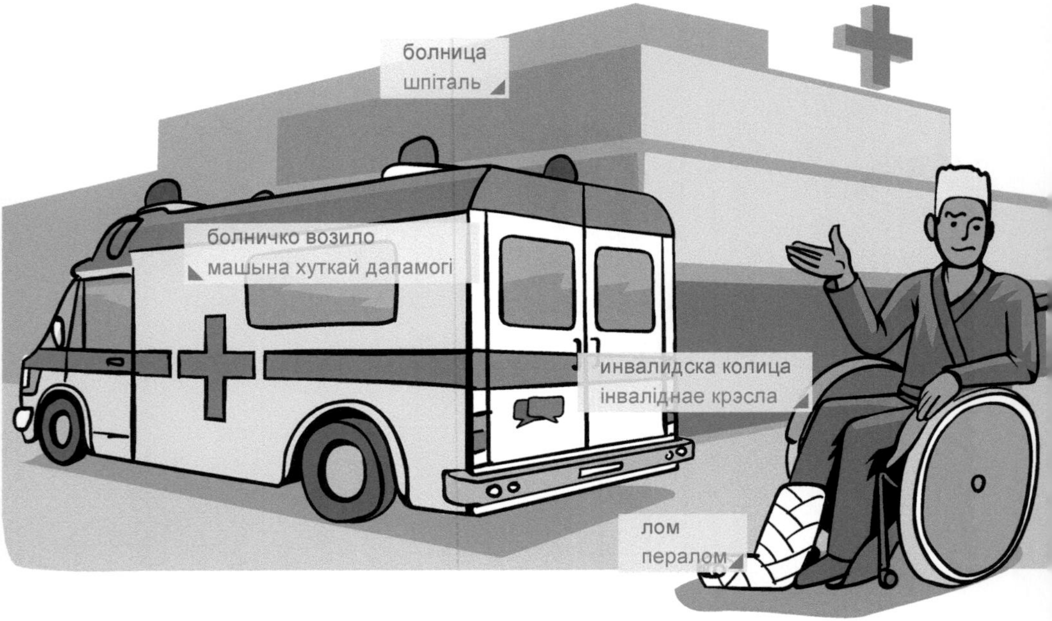

болница
шпіталь
болничко возило
машына хуткай дапамогі
инвалидска колица
інваліднае крэсла
лом
пералом

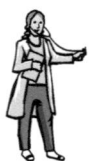

лекар

доктар

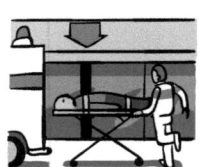

хитна медицинска служба

аддзяленне першай дапамогі

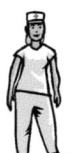

медицинска сестра

медсястра

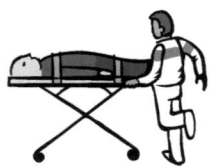

хитни случај

экстраная дапамога

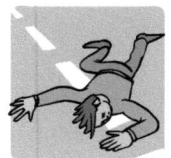

несвест

непрытомны

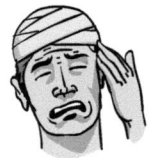

бол

боль

повреда

траўма

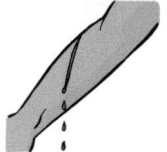

крварење

крывацёк

срчани удар

інфаркт

удар

апаплексія

алергија

алергія

кашаљ

кашаль

грозница

гарачка

грипа

грып

пролив

панос

главобоља

галаўны боль

рак

рак

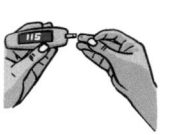

дијабетес

дыябет

хирург

хірург

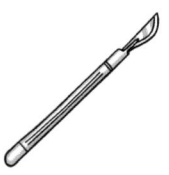

скалпел

скальпель

операција

аперацыя

цт
КТ

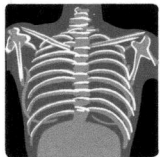

рентген
рэнтген

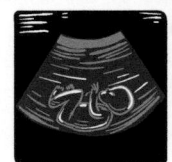

ултразвук
ультрагук

маска
маска

болест
хвароба

чекаона
пачакальня

штака
мыліца

фластер
пластыр

завој
бінт

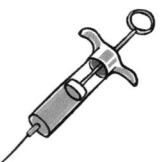

ињекција
ін'екцыя

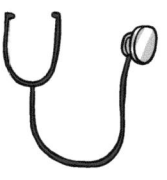

стетоскоп
стэтаскоп

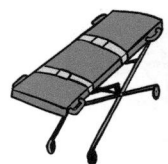

носила
насілкі

термометар
градуснік

рођење
нараджэнне

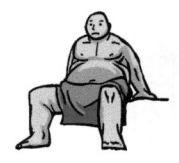

прекомерна тежина
лішняя вага

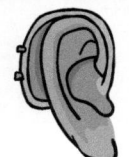

слушни апарат

слухавы апарат

средство за дезинфекцију

дэзінфекцыйны сродак

инфекција

інфекцыя

вирус

вірус

хив / аидс

ВІЧ/СНІД

медицина

лекі

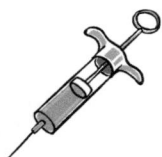

вакцинација

прышчэпка

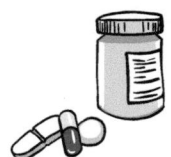

таблете

таблеткі

пилула

супрацьзачаткавая таблетка

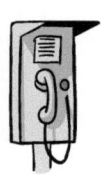

хитни позив

экстраны выклік

уређај за мерење притиска
танометр

болесно / здраво

хворы / здаровы

помоћ!

Ратуйце!

аларм

сігналізацыя

насртај

напад

напад

атака

опасност

небяспека

излаз у случају нужде

аварыйны выхад

пожар!

Пажар!

противпожарни апарат

вогнетушыцель

незгода

аварыя

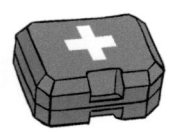

кутија прве помоћи

аптэчка

сос

СОС

полиција

паліцыя

Европа

Еўропа

Северна Америка

Паўночная Амерыка

Јужна Америка

Паўднёвая Амерыка

Африка

Афрыка

Азија

Азія

Аустралија

Аўстралія

Атлантик

Атлантычны акіян

Пацифик

Ціхі акіян

Индијски океан

Індыйскі акіян

Антарктички океан

Паўднёвы ледавіты акіян

Арктички океан

Паўночны ледавіты акіян

Северни рол

Паўночны полюс

Јужни рол
Паўднёвы полюс

Антарктик
Антарктыда

земља
Зямля

земља
краіна

море
мора

оток
востраў

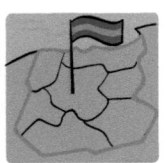

нација
нацыя

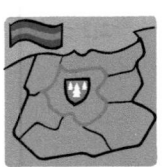

држава
дзяржава

бројчаник сата

цыферблат

сатна казаљка

гадзінная стрэлка

минутна казаљка

хвілінная стрэлка

секундна казаљка

секундная стрэлка

Колико је сати?

Колькі часу?

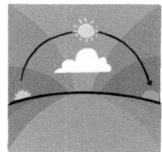

дан

дзень

време

час

сада

зараз

дигитални сат

электронны гадзіннік

минута

хвіліна

час

гадзіна

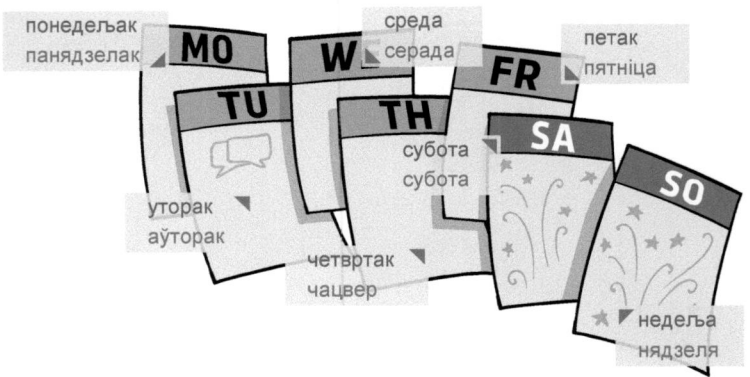

понедељак
панядзелак

среда
серада

петак
пятніца

уторак
аўторак

четвртак
чацвер

субота
субота

недеља
нядзеля

јуче

ўчора

данас

сёння

сутра

заўтра

јутро

раніца

подне

абед

вече

вечар

радни дани

працоўныя дні

викенд

выходныя

година

год

киша
дождж
дуга
вясёлка
ветар
вецер
снег
снег
пролеће
вясна
јесен
восень
лето
лета
зима
зіма

4.APRIL 11°
5.APRIL 4°
6.APRIL 13°
7.APRIL 8°
8.APRIL 10°

етеоролошка прогноза

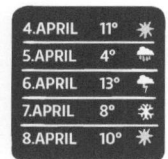

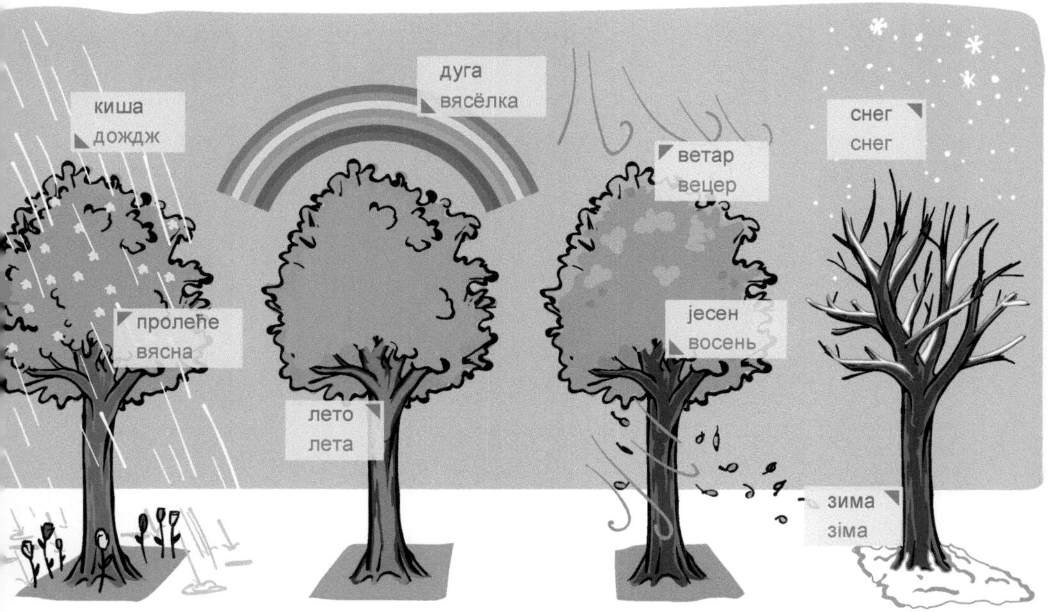

прагноз надвор'я

F C
120 40
90 30
60 20
30 10
0 0
-30 -10
-20

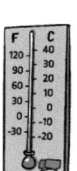

термометар

градуснік

сунчана светлост

сонечнае святло

облак

воблака

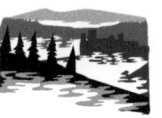

магла

туман

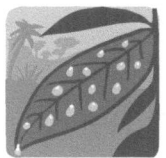

влажност ваздуха

вільготнасць паветра

муња
маланка

грмљавина
гром

олуја
бура

туча
град

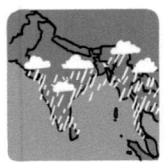

монсун
мусонны вецер

поплава
прыліў

лед
лёд

јануар
студзень

фебруар
люты

март
сакавік

април
красавік

мај
май

јуни
чэрвень

јули
ліпень

август
жнівень

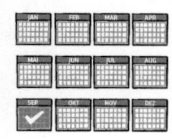

septembar
....
верасень

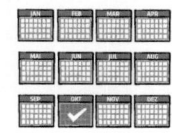

октобар
....
кастрычнік

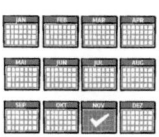

новембар
....
лістапад

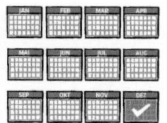

децембар
....
снежань

формы

круг
....
круг

квадрат
....
квадрат

правоугао
....
прамавугольнік

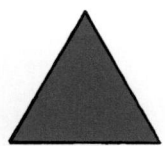

троугао
....
трохвугольнік

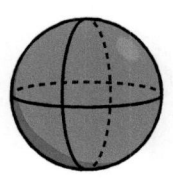

кугла
....
шар

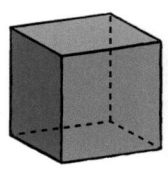

коцка
....
куб

бела
....
белы

жута
....
жоўты

наранџаста
....
аранжавы

ружичаста
....
ружовы

црвена
....
чырвоны

љубичаста
....
фіялетавы

плава
....
сіні

зелена
....
зялёны

смеђа
....
карычневы

сива
....
шэры

црна
....
чорны

много / мало

шмат / мала

љутито / мирно

злы / добры

лепо / ружно

прыгожы / брыдкі

почетак / крај

пачатак / канец

велико / малено

высокі / малы

светло / тамно

светлы / цёмны

брат / сестра

сястра / брат

чисто / прљаво

чысты / брудны

потпуно / непотпуно

поўны / няпоўны

дан / ноћ

дзень / ноч

мртво / живо

мёртвы / жывы

широко / уско

шырокі / вузкі

јестиво / нејестиво

ядомы / неядомы

зло / добро

злы / добры

узбуђено / досадно

узбуджаны / нудны

дебело / мршаво

тоўсты / тонкі

на почетку / на крају

першы / апошні

пријатељ / непријатељ

сябар / вораг

пуно / празно

поўны / пусты

тврдо / мекано

цвёрды / мяккі

тешко / лагано

важкі / лёгкі

глад / жеђ

голад / смага

болесно / здраво

хворы / здаровы

илегално / легално

нелегальны / легальны

паметно / глупо

разумны / дурны

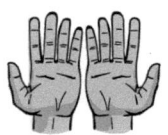

лево / десно

левы / правы

близу / далеко

побач / далёка

ново / половно

овы / былы ва ўжыванні

ништа / нешто

нічога / нешта

старо / младо

стары / малады

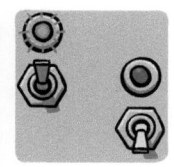

укључено / искључено

укл / выкл

отворено / затворено

адчынены / зачынены

тихо / гласно

ціхі / гучны

богато / сиромашно

багаты / бедны

тачно / погрешно

правільна / няправільна

храпаво / глатко

шурпаты / гладкі

тужно / сретно

сумны / шчаслівы

кратко / дуго

кароткі / доўгі

полако / брзо

павольны / хуткі

мокро / сухо

вільготны / сухі

топло / хладно

цёплы / халаднаваты

рат / мир

вайна / мір

0

нула

нуль

1

један

адзін

2

два

два

3

три

тры

4

четири

чатыры

5

пет

пяць

6

шест

шэсць

7

седам

сем

8

осам

восем

9

девет

дзевяць

10

десет

дзесяць

11

једанаест

адзінаццаць

12
дванаест
······················
дванаццаць

13
тринаест
······················
трынаццаць

14
четрнаест
······················
чатырнаццаць

15
петнаест
······················
пятнаццаць

16
шестнаест
······················
шаснаццаць

17
седамнаест
······················
сямнаццаць

18
осамнаест
······················
васямнаццаць

19
деветнаест
······················
дзевятнаццаць

20
двадесет
······················
дваццаць

100
стотину
······················
сто

1.000
хиљаду
······················
тысяча

1.000.000
милион
······················
мільён

бројеви - лічбы

енглески

англійская

амерички енглески

англійская (Амерыка)

мандарински кинески

кітайская мандарынская

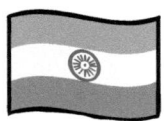

хиндски

хіндзі

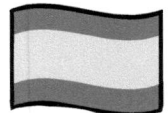

шпански

іспанская

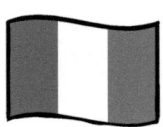

француски

французская

арапски

арабская

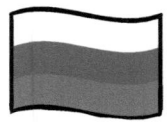

руски

руская

португалски

партугальская

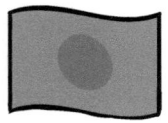

бенгалски

бенгальская

немачки

нямецкая

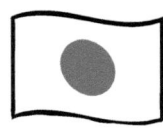

jапански

японская

ja
....
я

ти
....
ты

он / она / оно
....
ён / яна / яно

ми
....
мы

ви
....
вы

они
....
яны

Ко?
....
хто?

Шта?
....
што?

Како?
....
як?

Где?
....
дзе?

Када?
....
калі?

име
....
імя

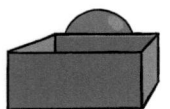

иза
....
за

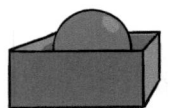

у
....
у

испред
....
перад

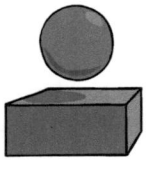

преко
....
над

на
....
на

испод
....
пад

поред
....
каля

између
....
паміж

место
....
месца